ALBA AZAHARA LÓPEZ PÉREZ

APULEYO EDICIONES   FOMENTO DE VALORES   CUENTOS ILUSTRADOS

LA PSICO DEL DEPORTE SIRVE

APULEYO EDICIONES   FOMENTO DE VALORES   CUENTOS ILUSTRADOS

Adriana y Nick eran dos buenos amigos apasionados por el deporte. Ella era una chica alegre y enérgica que disfrutaba jugando al pádel, y Nick, un chico valiente y decidido que encontraba su pasión en el voleibol.

Un día, Adriana fue a patinar con Nick.

—¿Qué te pasa? Te noto rara...

—Vengo de un torneo y he perdido un partido importante, siento que no juego bien y no me siento cómoda en la pista —respondió Adriana con tristeza.

—¿Sabes que Rafa Nadal utiliza sus rutinas para sentirse más seguro en la pista? ¿Y que Fernando Alonso desde su casa visualiza con un volante portátil y se imagina el circuito para ir mejorando? Podrías probar… —le dijo Nick.

Día a día, Adriana empezó a aplicar sus rutinas en el saque: botaba tres veces y se decía a sí misma en el saque: "siempre dentro";

en el resto le daba una vuelta a la pala y se decía: "esta bola";

y en el banquillo realizaba una respiración profunda antes de sentarse y de salir a la pista.

Además, decidió tocar el cristal mientras respiraba si cometía dos errores seguidos.

También se imaginaba durante tres minutos realizando víboras, voleas y globos. La visualización la usó también antes de empezar su calentamiento de partido para entrar a la pista más concentrada y con más seguridad.

Un par de meses después, a Nick lo llamó la selección y, en ocasiones, por querer demostrar su habilidad, se sentía agobiado cuando el set iba ajustado y le costaba rematar con confianza. Adriana, que tras los consejos de Nick decidió trabajar con una psicóloga del deporte, le quiso devolver el favor.

Adriana le explicó a Nick la importancia de la respiración profunda para mantener la concentración y controlar los nervios, y le aconsejó ponerle un color a la respiración para entrenarla mejor. Esa respiración la podría hacer cuando se sintiera agobiado o con dudas.

Y también le aconsejó que buscara una palabra clave y una imágen chula de sí mismo para usarla en los momentos difíciles dentro de la pista.

Nick escogió el color morado para su respiración profunda y justo el estrés se lo imaginó de color amarillo y se imaginaba la entrada de aire morado y la salida de aire amarillo y así, el estrés saldría de su cuerpo. Además, se imaginó a sí mismo saltando y pegando muy alto y añadió la frase:

"esta bola sí".

Así, cuando Nick tenía malas sensaciones, respiraba profundamente, recordaba su imagen y se decía: "esta bola sí".

Nick, al volver de la selección, llamó a Adriana para contarle y darle las gracias. Estaba muy contento y pensaba que lo iban a volver a llamar para la siguiente convocatoria.

Adriana se alegró por él, pero no tenía mucho tiempo para hablar porque justo estaba a un par de semanas de empezar los exámenes finales.

—¿Como preparas los exámenes tan pronto? —preguntó Nick.

—Me organizo con un horario de colores, veo el móvil solo el fin de semana y así no me acuesto tarde. Mi psico también me ha enseñado a hablar conmigo misma de manera positiva y para ello he puesto post-its en la pared de mi escritorio con mensajes positivos: "El esfuerzo merece la pena", "Enfócate en estudiar y entrenar", "Lucha por tus sueños", "Voy a conseguirlo".

voleibol

tiempo libre

—¡Me parece muy buena idea! Porque yo suelo dormir poco en exámenes. Lo dejo todo para el último momento y me estreso bastante con los entrenos y partidos. Voy a meter mi teléfono en una caja de lunes a viernes para no usarlo.

CLASES

entrenamientos

CAMPEONATO
REDES SOCIALES
EXÁMENES
AMIGOS
TELÉFONO
FAMILIA

Cuando estaban en la recta final de los exámenes y con los campeonatos aún encima, los amigos decidieron ir a comer juntos. Adriana se sentía contenta y agotada, y le preocupaba no seguir con su buen nivel en sus partidos de pádel. Nick sabía que Adriana había sacado muy buenas notas y estaba compitiendo a muy buen nivel.

—No sé por qué dudas de ti. A mí me encantaría ser como tú —dijo Nick—. Todo te sale bien; en cambio, a mí, las cosas no me salen como a ti.

En ese momento, Adriana se quitó su pulsera de la suerte;
la pulsera que se ponía siempre en periodos de exámenes
y competición y le dijo:

—Ponte esta pulsera para acordarte de lo importante que
es estudiar y entrenar cada día al 100%. Así podrás verla a
diario y acordarte de lo que realmente importa.

Se acerca el verano y los amigos coincidirán con la familia en la playa.

—¡Qué ganas de verano! He sacado mejores notas que nunca, ¡ha sido mi mejor año con diferencia! Muchas gracias Adriana, la pulsera me ha dado MUCHA SUERTE —le agradeció Nick.

—Pues sí, Nick, ¡la psico del deporte sí sirve! ¡La próxima temporada más y mejor! —respondió Adriana.

—¿Y si jugamos juntos este verano al vóley-playa?

©Alba Azahara López Pérez (de la obra)
©Apuleyo Ediciones (de esta edición)
Primera edición en Apuleyo Ediciones: octubre 2024
Diseño de cubierta: Ernesto Pérez Martínez
Corrección: Aitor Andreu Guerrero
Maquetación: Sofía Corzo González
Ilustraciones: M. Ángeles

Coordinación editorial: Isidoro Cidre González
info@apuleyoediciones.com
www.apuleyoediciones.com
ISBN: 978-84-1060-216-8
Depósito legal: H 205-2024

Hecho e impreso en España.